風の刻印

織部浩道
Oribe Hiromichi

はじめに

　人は生きていかなくてはいけない。

　それには生活の糧を必要とする。

　人々に、生活の手段として金銭をかせぐ。

　その為の理論として、社会を扱ったのが、いわゆる経済学である。

　どうやって、社会経済は動いているのか？

　そのシステムを現すことで、人々の活動をとらえようとしたのである。

　また、政策上の手段として、どうすれば、社会は富を得ることができるのか？

　それを投資家、消費者、企業、国家等の役割と共に考えた。

　ミクロ経済、マクロ経済、経済政策論、金融論など、いろいろなジャンルがある。

　これらについて、簡単に概略を述べた。

　その後、私的なポエムをつづり、自分の内面の葛藤をあらわした。

　予想外の人生に直面した時、文章を書くということは意外と効果的だと思う。

　なんらかの参考にして頂ければ幸いである。

2018. 3. 1

風の刻印

目　次

はじめに……………………………………………………… 1

I　経済学

2018. 5. 2　経済学とは………………………………… 5

経済学の基礎…………………………………………… 7

マネー…………………………………………………… 11

企業戦略………………………………………………… 13

戦後の時代……………………………………………… 15

経済の役割……………………………………………… 16

現代社会………………………………………………… 18

会計戦略………………………………………………… 19

国営か民営か…………………………………………… 21

教育と経済……………………………………………… 22

経済理論………………………………………………… 22

株価参考………………………………………………… 23

為替参考………………………………………………… 24

円換算…………………………………………………… 24

Ⅱ　風の刻印（文学、詩）

恋の迷い道……………………………………25

ラビリンスの秘宝………………………………26

プレアデスの君…………………………………26

幸せ……………………………………………27

未知……………………………………………29

今思っていること………………………………31

ライオンと大地…………………………………34

込みあげる思い…………………………………35

宴会をしよう……………………………………38

ヒョウの一族……………………………………39

平凡な日々………………………………………40

美術展の日………………………………………40

なんでもない日…………………………………41

なんとなく………………………………………42

A lips …………………………………………43

as well as ……………………………………44

Like a girl ……………………………………44

おわりに…………………………………………46

I　経済学

2018. 5. 2　経済学とは

経済学は、経済（物流や社会の構築、それにともなう財貨用役（サービス）の流れが社会や人々にもたらす効果などを測定、分析する学問）である。

経済は、生き物である。

常々、誰かが何かをし、その対価を獲得し、社会を造っていく。

たとえば、水、木、土砂、植物、動物、こういった自然の産物から何を生み出すか？

自然の中にも水は流れている。

生きる為に、我々は、水を飲む。

地下水、川の水、海の水。

井戸水をくんで、それをグラスに入れて、お客様をもてなす。家族が魚をつって、食卓にならべる。

これは生活である。生活の中で働いている。夫や妻がある。学校に行く子供たちがいる。

学校では子供たちは理科の実験をし、昔からの知識や技術を学ぶ。

力の法則、磁気、磁場、コイルからの電気の発明、アルコールランプからの物質の変化。液体、気体、固体など、こ

ういったものを利用して、工業ができている。

　商業は、工業生産物を流通させ、売り場で消費者に売却する仕組である。

　もちろん、農業、商業、工業は、付加価値を生み出している。これに対して国は課税し、分配している。

　国は、経済成長や、各国との調整を担っている。通貨や紙幣は、国々によって異なる価値をもっている。

　その調整が為替相場である。

　昔は金、銀、銅、アルミ、ニッケルなどを基準に貨幣を造っていた。

　その重量によりコインの価値は決まった。

　ある意味で金本位制であった。

　金が基準で、物の値段が決められていた。

　その前は労働力である。

　どのくらいの仕事ができるかによって、農作物を貴族が分配した時代もある。

　それは、米や麦やとうもろこしである。

　仕事をすることによって、食べ物を手に入れた。

　何もない時、まず、畑を開墾し、牛やブタを飼育した。

　種をまき、実を獲り、ミルクや肉を頂く。いわゆる収穫、利益である。

　くわやすきなどは、太古の昔、石を加工して先人たちが造った。それを鉄が生み出されたことにより、ステンレス

などで生産している。

　貴族や豪族が、荘園で小作人にその仕事をさせ、出来高払によってやしなった。

　国王はまつりごとをし、統括し、五穀豊穣をいのった。

　武士、僧侶などが民衆を守り、民は農業、商業、工業をした。

　もちろん、武士や僧侶も係わっている。

　歴史による人々の往来が、物や情報を伝達し、文明は進んでいった。

　経済の形も変化し、現代の経済学ができている。

　そういう意味では、経済は生活するすべである。

経済学の基礎

　水は何をもたらしたか？

　水は現在、ペットボトルに加工され、色んな飲料水となった。

　米、麦などの加工により、アルコール飲料ともなっている。ビール、酒、焼酎などから、コーヒー、紅茶、緑茶、ミルクなどである。

　人々は、飲料水によって、満足を得て、食事をする。

　生産加工物から料理を作り、生きている。

コンビニ、スーパー、百貨店、こういうものが家庭の経済を支えている。
　仕事には、加工、販売、事務、サービス、研究などがある。
　もちろん営業などもあるが、何を基準にするのだろうか？
　一つには、人口統計。
　人々が何を欲しているか？
　ニーズの問題である。
　これを経済では、需要という。
　一方、生産し、市場に出すことを供給という。
　需要と供給が一致する所で、価格と生産量が決まる。
　これはケインジアンの考えである。

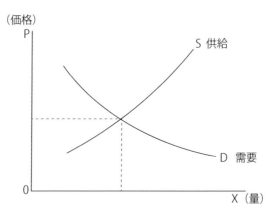

　これは市場にまかせていれば自然に決まる。これがアダムスミスの見えざる手である。
　いわゆる市場経済である。

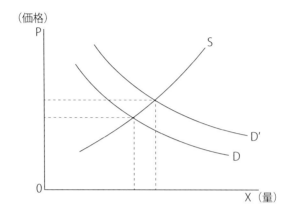

　需要が高まると生産高と価格が上がる。これは経済学の基礎である。
　均衡点が変わることによって生産高、消費量が変わっていく。

$$Y = C + I \quad S = I$$

　生産高は、消費量と貯蓄量にわかれる。
　要するに、投資は在庫と消費になるわけである。

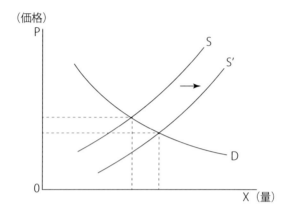

　供給量はふやすと価格は下がる。ゆえに、大量生産は安価なコストの商品を人々に与えるのである。

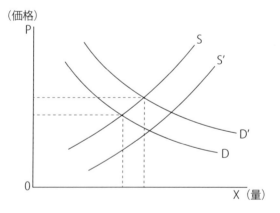

　供給量と需要量の拡大により、均衡点の価格があがってしまったケースである。

マネー

　貨幣量は、市場により調整されている。

　日本銀行が紙幣を造り、国が国債を発行する。

　国債の利回りはよく、銀行で会社や個人は、現金から預金そして、国債へと変える。

　国債は、国の債務であり、債権者の権利である。

　国は、債務を負うことによって、現金を獲得する。もう一つは、税金である。

　これを予算として、運営するわけである。日銀は、市場の銀行からや投資家のニーズによって、紙幣を市場にもたらす。

　しかし、一方で回収するわけである。

　私の意見では、一定の量しか現金は出回っていない。

　貨幣一定仮説である。

　企業戦略でも、現金預金残高を経営計画により、決定している。

　あとは在庫か設備投資、固定資産等に回している。

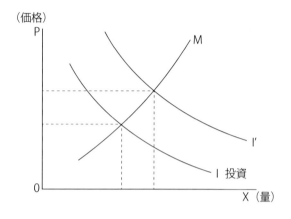

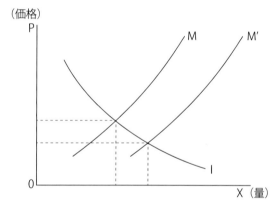

　要するに、貨幣量が増えれば、物の値段が下がるとする説がある。

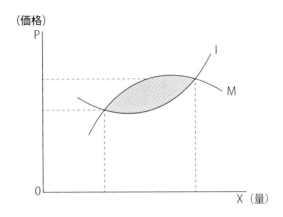

市中銀行は利ザヤをとっている。

それは預金と貸出との利ザヤである。

預金金利と貸出金利。

たとえば、公定歩合により、金利が決まる。

金融機関は企業、個人の格づけにより、金利や貸出を決めていく。

抵当権や信用により、それは平等ではない。

又、金融機関は、投資などは資金を回す場合も多い。

企業戦略

企業は、一定期間にどれだけ利潤をもうけるか、これを考えている。

企業は、共同体、組織であり、大、中、小ある。

大企業、中小企業と戦略がある。

先のニーズを読む。

これは経済で大切なことである。

どこにニーズがあるのか。

どこの誰が、何を欲しているのか？

製品戦略、顧客開発などがある。

ある時、マーケティング・リサーチといものをした。市場調査のことである。

誰が、どこのどういう商品を使っているのか？

企業の商品開発、経営戦略がある。

今、当座預金を見る。

マネー・ストックがいくらあるか？

それによって、土地を見る。

立地条件により、そこで何ができるか、工場、オフィス、店舗。

又は、家庭を中心として、どう財貨を築いていくか？

これには各人のプランがあって、企業でもその開発を進めいている。

会議なども行われ、ターゲットも決められていく。

一方、今期の経営計画を決める。

利益目標を時代の流れから立てる。

それは、国内外の動きとも関連している。

たとえば、東京オリンピックがある。

それを目標として、プランを練ることもできる。

商品開発のチャンスである。

戦後の時代

戦後レジームの頃、実は何もなかった。

ヤミ市ぐらいしかなかったそうである。

そこでニーズがあったのは食料品。

いかに農家から食料を買うか？

衣料や財宝が、農作物と交換された。

ＧＨＱの東京裁判から、Ａ級、Ｂ級と決まり、憲法が決まった。

ある意味で、日本は独立と平和を与えられた。

日米安全保障条約、日中平和友好条約など、各国の理解を頂きながら、国力は波にのっていった。

ロシア、アメリカ、ヨーロッパの宇宙開発。

先の東京オリンピックが日本に希望を与えた。

日本人はスポーツによってよみがえった。

そして、1964年、新幹線の開通、東名高速による、高度成長に入る。

田中角栄総理の日本列島改造論が展開される。

次から次へと道路ができていく。

そして、車が走る。人々は往来して、市場ができる。

商品はでまわり、工場ができて、そして人々は家を建て、いわゆる高度成長期となる。

人々はカラーテレビ、クーラー、冷蔵庫と家電を手に入れ、車に乗る時代となる。

本田宗一郎が自転車とモーターを組み合わせ、カブを作り、豊田織機がはたおり機から車をつくる。

鉄は熱いうちに打て、八幡製鉄所が1900年にでき、1903年にはライト兄弟が飛行機を造る。

国鉄ができ、私鉄ができた。

紡績会社ができ、戦前の高度成長期があった。それは、明治維新とともに国が進めたものだ。

各国の産業革命、文化革命にもよる。こうした世界的な波の中で、人々は何かを欲し、ニーズが生まれた。

コンドラチェフの波ともいう。

景気循環とことである。

経済の役割

資源分配、経済成長、経済の再分配である。

日本では、ある意味で、平等がうたわれ、経済の再分配

が行われる。

　富める者から、貧しい人々へという政策もある。

　最初の資源分配は、ある程度生まれた時点で決まっている。

　あとは、教育の義務化がなされていて、労働の機会均等がある。

　人々は、何を身につけ、どう働くかで異なってくる。

　経済成長は、国家目標であるが、名目成長と実質成長がある。

　本当に幸せになった時、人々は景気がいいと実感する。

　景気がいいか、わるいか。

　経局、生活しやすいか、しづらいかである。

　物が高いか安いか、給料は手に入るかということである。

　給料、報酬とかがどんどん入り、どんどん物を買っていく場合、暮らしはゆたかになる。

　物の値段は上がっていくが、幸せである。いわゆるバブル経済期である。

　土地、建物、株価は高騰した。

　物の値段が上がることをインフレといい、下がることをデフレという。

　好況、不況といい、物が売れなくなるとデフレ不況という。

　国は国債残高の多さから、国債費がかさみ、いわゆるバ

17

ブルははじけた。

そして、少子高齢化社会へと入っていった。

生産力が落ちていく。

社会保障費がかさんでいく。

健康保険制度、介護保険制度などが、その役割を担っている。

24時間、介護支援センターなど、ヘルパー制度やバリアフリー他も行われた。

これはハートビル法に基づいているが、デンマーク型社会を目標にしたものである。

現代社会

コンピューター、スマートフォンが、ビル・ゲイツやスティーブ・ジョブスなどの活躍によりもたらされた。

ある意味で、ペーパーレスとかキャッシュレス時代とかいわれる。

一方で、人工知能による最先端技術の開発が進んでいる。

とりあえず、スマートフォンで何ができるか？

メールやライン、音楽、ビデオ、写真、アプリと、非常に人々の生活に密着している。

ビジネスメールもそこでなされ、アポイントもとられる。

スマホで計画表を作り、そのスケジュールでまちあわせをする。

それが現代社会である。

アベノミクスやクロダノミクスにより大企業は株でもうけた時代もあった。

そして、今、目の前にあるのが、東京オリンピック、リニアモーターカーの開通である。

大阪万博も予定されていると私は思う。

これがビジネスチャンス。

また、３Ｄプリンターの教育もなされているようで未来社会がそこにある。

会計戦略

キャッシュフローを見て、どう動くか？

在庫と生産高をどうするか？

中古市場、リサイクルをどう考えるか。

いろいろニーズはある。

しかし、不況である。

世界の動きは、平和の方向にある。

ということはＦＴＡ、ＴＰＰである。

貿易問題、特に、農産物や加工品のやり取りが国家間で

進むだろう。

　ＦＴＡ、2国間通商条約

　ＴＰＰ、太平洋関税撤廃条約

　物の値段が再び動く。

　安い物と高い物、要するに一般消耗品と高級品にわかれていくだろう。

　福祉産業、今でもニーズがあるが、当分これが大切である。

　人々は高齢化していき、ヘルパーサービスを需要する。

　財源などはともかく、このことは重要である。

　福祉に対して、一定の税金を納めることも必要だろう。

　2025年以降、4人に1人は高齢者となる。ということは、2人で1人の世話をするということである。

　1人は子供である。

　食事のサービス、これは弁当でもいいだろう。今でもいろんな弁当がある。

　今後、農業法人をどう育てるか。

　農業平均人口は66才だという。

　農業自給率30％、輸入70％、輸出30％ぐらいだ。

　遊休農地をどうするのか？

　職業にあぶれている生産従事者はたくさんいる。

　水耕栽培とそのコンピューター化も進んでいる。

　個人的には、リモコン農機による栽培もいいのではないかと思う。

機械により、ボタンでコントロールする。

電子書籍なども普及してきたが、電子ノートの開発を進める。

コンピューターのようなものであるが、持ち歩きできるノートである。

未来は車の中で会議がなされるという、あるいは飛行船の中である。

国営か民営か

国が経済を動かすか、民営が経済を動かすか？

これを自由主義とか、社会主義とか、資本主義といっている。

自由主義社会では、誰でもが、資本を投下して、社会に参加できる。

一方、国営企業の場合には、国が統括する。

いわゆる社会主義革命でコルホース、ソフホーズとソビエトなどでなされた。

それを計画経済ともいうが、10年後20年後まで計画を立てて動かしていくそうです。

教育と経済

今、まさにひきこもりと言われる子供達が、ゲームやアプリの開発をしている。

子供が何を学ぶか？

ずいぶん実践的教育へと移っている。

子供の間で会議、討論がなされる。

実践的スピーチなどである。

一方で、製品開発の基礎も教えているそうである。それはプログラミングかもしれません。

３Ｄプログラムにより、製品を作る、そういう時代が未来です。

経済理論

I	C	
	S	

I　投資

C　消費

S　貯蓄

$$Y = I + C + S$$
$$Y = GNP \quad (\text{国民総生産})$$
$$消費税 ≒ GNP × 7\%$$

株価参考

	1/12	1/15	1/22
イーレックス	1077	1103	1090
セレスポ	1471	1477	1419
井関農機	2943	2932	2858
ビーロット	2643	2517	2626
ハウスフリーダム	515	520	516
タケエイ	1355	1384	1434
ニレコ	1286	1395	1424

（単位：円）
1株あたりの評価

為替参考

	1/24	1/26	2/28	3/2
HK$	14.04	14.00	13.69	13.49
NZ$	80.97	80.28	77.45	76.33
AUS$	88.13	88.08	83.50	81.49
USD$	109.87	109.62	107.21	105.83
CAD	88.57	88.60	83.93	80.72
ランド			9.14	8.82
メキシコペソ			5.69	5.65
デンマーククローネ			17.49	17.93

(単位：円)

円換算

外貨を為替レートで円換算することで、円表示できる。
各国でレートは異なり、動いている。

Ⅱ　風の刻印（文学、詩）

恋の迷い道

1995

星の光が届く夜、君を思って山の中

クールな眼差にペパーミントの香りがした

突然の嵐で、光った君に釘付けのまま森の中を彷徨う

恋の迷い道で鏡に映った魔女の瞳に君を見る

アブラカタブラ　アブラカタブラにフラフラ

星の光が降る夜、君を思って雪の中

純白の眼差に、アルプスの風を感じた

突然の雪崩で、結晶になった君に釘付けのまま森の中を彷徨う

恋の迷い道で鏡に映った雪女の瞳に君を見る

アブラカタブラ　アブラカタブラにフラフラ

星の光が煌く夜、君を思って夢の中

神秘な眼差に　シンキロウの町を見た

突然のレインボーで七色になった君に釘付けのまま大空を彷徨う

恋の迷い道で、鏡に映った天女の瞳に君を見る

アブラカタブラ　アブラカタブラにフラフラ

ラビリンスの秘宝

1995

ラビリンスの中に曲がった空間
地中海に眠る秘宝を探して右往左往
誰もが彼もが空回り
現われたポセイドンにびっくり
はらはらびくびくオーゼウス
シンドバッドのように海を巡りダイヤを探す
波間に浮かんだ幻にマーメイドが笑う
軽いドルフィンキックに僕の心はゆらゆら
恋のゴールはラビリンス
煌く秘宝はマーメイドの涙
波間に微笑んだ恋のラビリンス

プレアデスの君

1995

君のウィンクがスパークして宇宙をまわる
光が交差してスパイラルに広がる
手と手をつないで輪をつくろう
目と目があったら地球が笑うよ
君のウィンクが流れたよ今
感じただけでテレパシー

パラレルな銀河に青い鳥
パープルとレモンの中をはばたいて夢を創る
君のウィンクがスパークして宇宙をまわる
光が交差してスパイラルに広がる
パラレルな銀河に青い鳥
パープルとレモンの中をはばたいた
プレアデスの君

幸せ

2004. 1. 10

キリンの首が長くのびている
幸せという日に恋こがれて
長くのびている
みんなそれぞれが悩みをかかえながらも
精一杯生きている
悩みとゆうものは、それぞれ等しくつらいものだが
しらぬまに通りすぎていってしまうこともある
幸せな人の方がつらいと思っている
つらい人は、幸せとゆうものがよくわかり
それに恋いこがれている
だけど神様から見れば
どちらも同じで大切なものだろう

キリンよ、人参をあげるから
幸せになってくれ

                              2004. 1. 12

アリがはいつくばって大地にはりつく
何もないところから、力がこみ上げてきて
自分を鼓舞する
誰にも、とめられない定めがあって
するどく自己と向き合う
太陽が燃えている
力をおしむことなく
精一杯もえている
人もはいつくばって生きてゆく
弱くても生きてゆかなくてはならない
油断したら、自分に負ける
ぎりぎりのところでせりあって
よじ登っていく
朝日が輝くうちは、こたえろ

未知

2004. 1. 13

ひな鳥が青空にむかって飛び立とうとしている
そこに何が待っているのかも知らず
上空を見上げている
すみわたる青い空は、ひな鳥に
希望と勇気をあたえた
ひな鳥は飛べると思った
そして羽根をはばたかせた
それは、未知な世界への第一歩だった
ひな鳥は、何度も何度も羽根をばたつかせた
風は、時にきびしく、時にやさしかった
みじかい時間を長い時間がつつみこんでいる
小さな体を大きな大地がつつみこんでいる
そして、ひな鳥は青空へ舞い上がった

1. 14

光があまねく大地を照らす
ほほえみながらかがやいている
野山はリズムをとってゆらめいている
8分音符と4分音符がとびはねている
初春の空に春をめでる音がながれ

生きもの達が、躍動している

幻想的な世界が重なり

ふしぎの国の戸びらが開いた

まっ先に、とびだして来るアヒルの少年がいった

よく見ていないと見落とすことがたくさんあるよ

これからサーカスの初まりだ

こうして、メリーゴーランドのような世界で遊んでる事を

夢見ている

幸せのベルがなって

天使が舞い下りてくる

そして貧しい国に住む子供達に

夢をあたえる

目には見えないけれど幸せとゆうプレゼントをあたえた

泣きべそをかいていた子供は笑った

教室はキラキラと輝いて遊園地になった

それから子供達は夢を持ち

元気のない大人達を勇気づけた

幸せの輪が広がって

みんなの心が一つになった

今思っていること

1. 16

考えても考えなくても時はすぎる
しかし人間は問題にぶつかると
必死で考える
そのうちにどこかにぬけ道ができて
救われる
今日、すずめ達が会話をしている
すずめにも、悩みがあるだろうか
いつか時代がかわって
みんなの悩みがなくなる事を
願っている
しかし、自然の雄大なかまえは動かない
朝日は希望をあたえ
夕日は優しさをあたえる
すべてがととのっているのに
人間の悩みはつきない
アリが動くよりも、めまぐるしく考えている
どこに行くのでもなく
自分の中をさまよっている
くりかえし、問いかけながら答えをさがしている
つらくても生きぬく事が、一つの答えかもしれない
自分は、この世に生まれた

それなりに何かの意見を持っているのだろう

大きなものに向かっていきたい

弱い者が強い者に向かっていく

それに、いくばくかの意見があるような気がする

強くなりたい　何にも恐れず真実を受け止めたい

勝つとか負けるのではなく自分の人生に節目をつけたい

今生きている自分がすべてでそれ以外の自分は無い

自分のすべてを受け入れたい

そして自分の限界まで生きぬきたい

1. 19

光あふれる場所をめざして

命の輝きをはなとう

一点を見ているようで全体を見ている

全体は一点に凝縮される

大宇宙の鼓動がすみずみまでゆきわたり

すべてのものに生気をあたえている

ダイヤモンドの原石は内なる光をはなちながら

内面にやどしていて

何かのきっかけで光がはなたれる

すべてのものは光のシャワーをあび

生きる活力をとりもどす

明日への戸びらが開き、すべてのものが
至福につつまれる
そこには、また新たな勇気が生まれ
命の花を咲かせる
まどわされることなく
自分の道を歩む
とまどうことなく自分の道を歩む
たとえ障害物があったとしても
体当たりしていく
一歩ふみだすことをためらうことなく
確信を持って進む
時には山の頂上に登り、時には谷底へと下る
自分の見えなかったものがはっきりとし
見えてきたものがつまらないと気づくこともある
より大きな確信をつかむために前に進む
思うようにいかず忍耐を重ねることもある
やがてその蓄積が道を開く
努力するものには明日がある
信じる者には救いがある
やがて困難をうちくだいた時
希望がみえる

ライオンと大地

1. 22

たて髪をふるわせたライオンが
一点を凝視してほえた
その先には昇りゆく太陽があった
のこされた道は一つ
あのするどい角をもったバッファロウと
たたかうかどうかだ
重たい時間が流れる
バッファロウに勝つかどうかではなく
自分をふるいたたせる問題だった
ライオンはキバを立てたがかわされた
そしてたおれた
ライオンの目には夕日が映っていた
ハイエナたちがせまってくる
しかし、そんな事は問題ではなかった
翌朝、ライオンの姿はなかった
ライオンは風になったのだ

1. 23

小さな事にくよくよせず大道を進もう
谷底の道を歩いていても

いつかあの山をこえようとゆう意志をもとう

小さな鳥が空を飛んでいる

翼が無くても空は飛べる

心で飛ぶのだ

その時、その時、気づいた事、感じた事を

心にやきつけ実行する

そして明日への飛躍することを心がける

勇気を出してふみだそう

空の上で鳥がないている

谷底ではいつくばっている者よ

少しでも前に進もう

明日は、きっと待っている

込みあげる思い

2004. 1. 24

地平線のどこかを歩いている

そして一生かかって弧をえがく

永久の叫びが大地に満ちている

内なる思いをやどしてはいつくばっていく

断崖から見える月は白い

込みあげる思いを空白の一行とする

倒れても倒れず存在している

おのれの人生にまるをかいた時
ささえあってきた同志達と
満開の花を愛でたい

空は刻々と変化する
未来も刻々と変化する
今日見上げた空は手がとどきそうだ
どんな状態でも希望はある
幸せは、虹の彼方にあるのではない
すぐそばにあるのだ
天使がこちらを向いて笑っている
手に入れたいものは
その気になればつかまえられる
挑戦するものには明日がある
心正しく、思いが強ければ
きっと夢はかなうはずだ
さあ幸せをつかもう

1. 27

きびしさの中でサザンカの花が咲く
深みのある、その赤色は

見る者に勇気と希望をあたえる
我もまた風雪にたえ、生きてゆかん
あふれる光のシャワーが
日々生きる者をささえている
母がナンテンは難を天に上げると云う
それを聞き、身がひきしまる思いがした
何時か開放され
イーハトーブの里で暮らしたい

1. 28

落日のあとの、あかね色の空は
又、会おうねとゆう明日までの約束
どこかが欠けているようでも
ほんとうは満たされている
あたり前のように存在するものに
感謝しよう
大地があり、近くに母がいる
生かされているうちは生きる
弱音をはかずに毅然とする
大地はみかたしてくれる
いつの日も今日を生き
明日へと夢をつなごう

1. 29

風に、四つ葉のクローバーが舞っている
幸せをちりばめてふわふわと
ちょうがひらひらと飛んでいる
そよ風がふいている
ニコニコお陽様はかがやき
小川の水はさらさらと流れる
子供達がはしゃいでいる
春がきて、歓喜に包まれている
今日は、幸せのクローバーの記念すべき日だった

宴会をしよう

2018. 5. 3

みんなで祝杯をあげよう
我々は、生きた証を示したのだ
山なみはうねり天へと続く
今、ここにあるのは至福の日々だ
今を生きたものに、よろこびがある
明日に向かうものに、希望がある
時には、寝転び、やすみの中にいよう
鏡にうつった自分が、どうであろうと
光のあたる方へ向かっていこう

全力でかけぬけた者よ
しばらく、のんびりしようではないか
さあ、酒でも飲んで、宴会をしよう

ヒョウの一族

2018. 5. 4

ヒョウの一族が絶滅していく
一匹ずつ姿を消していく
キバをむいたヒョウも
食べものもなく、仲間もいない
孤独な道を歩みながら
けもの道をいく
たわむれた仲間も姿はなく
ほえても虚空に消えていく
ゾウの群れも姿を消し、
キリンも動物園の中で
首をのばしている
北極圏の白クマも
絶滅するという
一人旅立つ人がいる
古里は、遠くにある
古里は、遠くで思うもの

平凡な日々

5. 4

春の明かりがあって
青空が広がっている
あるはずの洗濯物はなく
かたづけられた台所が光っている
今日は何かを料理するか
ジュリーロンドンをかけて
クライ・ミー・ア・リバーを開く
どういう意味だろうか？
平凡な日々は、時にして悲しく
思いをゆだねる
川は流れている
その、一滴のようにあてもなく
流れていく
人生は夢まぼろし

美術展の日

5. 6

よく晴れた日だ
緑の若葉が目に入る
美術館が立派にかまえている

作品達が並ぶ
一人一人の力と技、個性が光る
レストランでカラアゲを食べる
きれいな庭が広がっている
廊下を歩くと石像がある
文化の森があり歴史がある
日々、何かをしていれば
何かの形になる
形は、未来へ向かって形を変える
今日の日は新鮮だ
サラダをつくって
天ぷらでもあげるか

なんでもない日

5. 7

なんでもない、ため声をつく
君がいないので、一人で夕食をとる
空はかすかに光り、夕立がなる
我らのために未来はくるのか
音楽のヴォリュームをあげて
ひそかにアイスクリームを食べる
人生あまくみても

どこかに落胆がある
明日は雨らしいが
現金をおろしてこないといけない
苦あれば楽あり
ナイス・ミドルをこえて晩年が
人生ドラマやいかにかあらむ

なんとなく

5. 8

雨がしとしと降る
なにもないゴールデンウィークが終わった
昨日、楊さんから電話があった
大連の彼女は母の看病だ
朝からテレビを見ている
翔平が頑張って投げている
今年はルーキーが活躍している
中国とは平和条約40周年だ
自分は絵画に力を入れている
県展では選ばれた
抽象画にもっていきたいが
今一つ、むつかしい
どちらにしろ、具象的な絵を

もう少し完成させなければいけない
グラビアのアイドルが可愛い
もうすぐ梅雨に入るのか

A lips

lips between and me

a love

Love is a

a lips

It's fantastic between us

Look

You look me

me a breaking it have

Make love with lips

Between you and me

lips is kind

A lips mind

Love is

as well as

Early September
blue moon in a sky
you think that remember days
it was interesting and memories
it have a heart
I amazing if it many thing
Only you
memories you and me
Early someday before me
Affection for you
Love is early time
Special for us eternity
What happen as well as

Like a girl

Pretty is beautiful
you look so Like a girl
It's have a Lemon
peach bag is pink

pink roman it have a Lemon

pink is a image cute

cuticle is basic

one is a Lemon

Loving with a smile in a garden

Pink Lemon Like a girl

it have a white

all is a white in smiling

おわりに

　月日を重ねるごとに思い出があわくなる。青春の日々は
いつの間にか過ぎ、あわただしい日々から平凡な日々へと
変わってゆく。

　何も変わりはしない、と云っても無常というか、形は変
わっていく。

　時の流れの中で苦闘した日々や幸せに包まれた時がある

　人生100年とすれば、まだ途中

　これからも、幾つもの難問が横たわっているのか？

　一つ克服すれば、別のものがあらわれ、そのことに傾注
すれば、月日は過ぎる

　人生50年と云われた日々は夢まぼろしをつかむごとし
だったが、今もまだ夢うつつのままに生きるのか？

　人生という実体のないうつつの中で何かしら確かなもの
を手に入れる。

　そういう作業をするのだろう。

　終わることのない生命の育みの中でいくばくかの風の刻
印を受けて永遠へと回帰していく

　その物語の中ではみなさん、個人個人が主人公なんです

　その舞台で活躍する

　経済学を学んだ学生時代、そして自己の向き合った長い
日々に、これからも、負けないという意味で生きていこう

と思います。それでは、さようなら。

2018.5.7

織部　浩道（おりべ　ひろみち）

昭和 35 年 3 月 18 日生、魚座、O 型
明治大学大学院博士前期過程終了
税理士会退会
ロイヤルフロンティア、新世紀会代表
現在、文筆、アートなどをしている。

著書に、「森羅万象の真理を求めて」(1987) カヨウ出版、「光の数
珠」「2000 年の月」文芸社、amazon、「Episode」「航海日誌」「会
計学論考」「A twitter」Bookway、他

風の刻印

2018 年 6 月 20 日発行

著　者　織部浩道
制　作　風詠社
発行所　ブックウェイ
　　〒670-0933　姫路市平野町 62
　　TEL.079 (222) 5372　FAX.079 (223) 3523
　　http://bookway.jp
印刷所　小野高速印刷株式会社
©Hiromichi Oribe 2018, Printed in Japan.
ISBN978-4-86584-333-0

乱丁本・落丁本は送料小社負担でお取り換えいたします。

本書のコピー、スキャン、デジタル化等の無断複製は著作権法上での例外を除き禁じられて
います。本書を代行業者等の第三者に依頼してスキャンやデジタル化することは、たとえ個
人や家庭内の利用でも一切認められておりません。